ANGKOR THOM: Esculturas talladas del templo Bayon, Camboya.

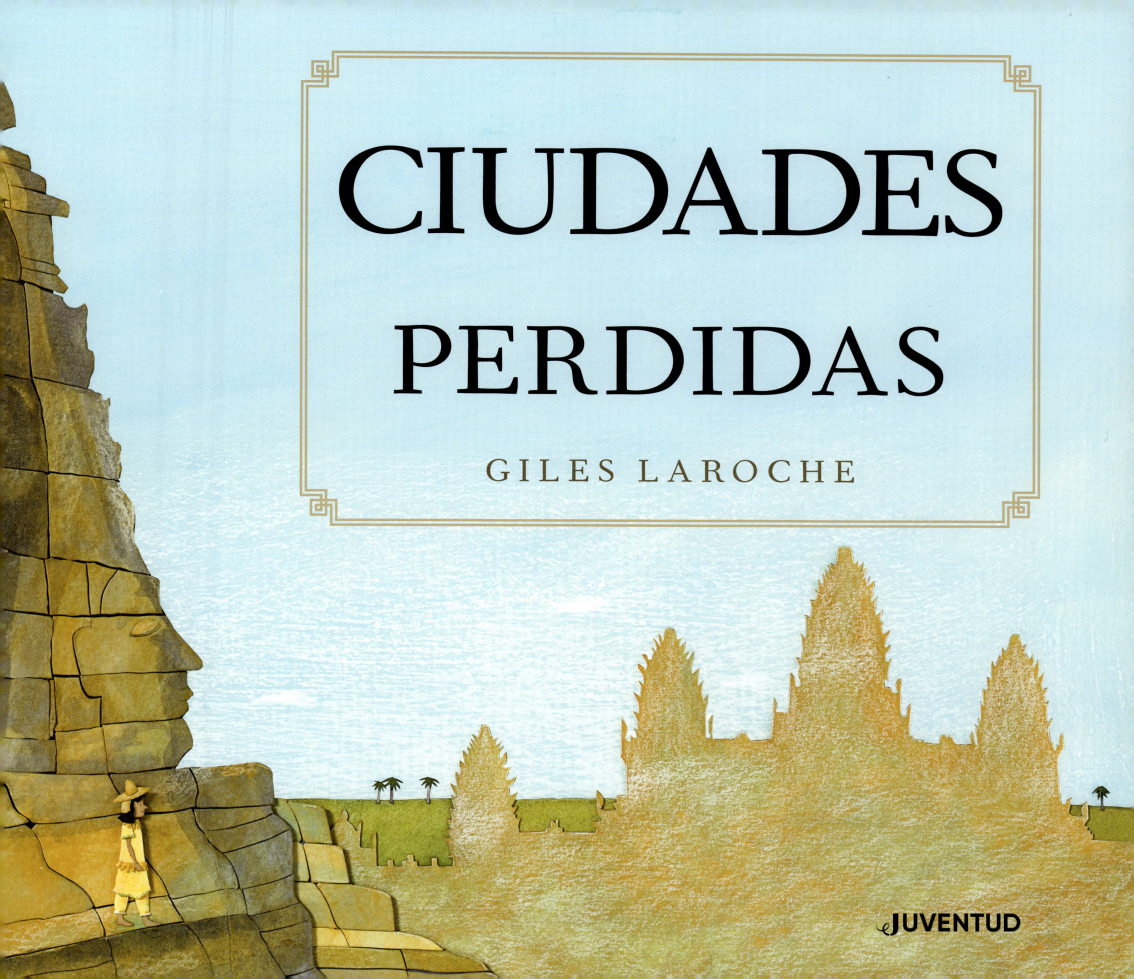

KARNAK: Avenida de las esfinges, Egipto.

Título original: LOST CITIES
Copyright © Giles Laroche, 2020
Publicado con el acuerdo de Houghton Mifflin Harcourt Publishing Company, EEUU
© de la traducción española:
EDITORIAL JUVENTUD, S. A., 2021
Provença, 101 - 08029 Barcelona
info@editorialjuventud.es
www.editorialjuventud.es
Traducción: SUSANA TORNERO
Primera edición, 2021
ISBN 978-84-261-4721-9
DL B 6205-2021
Núm. de edición de E. J.: 14.002
Printed in Spain - Impreso por Gráficas 94

Las ilustraciones de papel recortado han sido creadas con diversos tipos de papeles pintados a mano.

Cualquier forma de reproducción, distribución, comunicación pública o transformación de esta obra solo puede ser realizada con la autorización de sus titulares, salvo excepción prevista por la ley. Diríjase a CEDRO (www.conlicencia.com) si necesita fotocopiar o escanear algún fragmento de esta obra.

PARA CRAIG

INTRODUCCIÓN

Sobre altas cumbres o en islas remotas, junto a desiertos, ríos o mares..., antaño prosperaron antiguas ciudades. Algunas formaban parte de grandes imperios; otras eran pequeñas e independientes. Muchas perduraron durante siglos, incluso milenios, y experimentaron grandes cambios hasta finalmente desaparecer. Sin embargo, en las ruinas de sus edificios y monumentos podemos hallar pistas sobre su pasado.

¿Quiénes vivían en aquellos lugares? ¿Por qué construyeron del modo en que lo hicieron? ¿Por qué estas ciudades se perdieron en el olvido? ¿Y quién las encontró de nuevo?

Todas estas culturas hicieron grandes aportaciones a la evolución de nuestra civilización: inventaron la rueda, el alfabeto, el primer sistema de canalización de aguas, diferentes formas de gobierno, obras de arte y arquitectura monumental, y métodos de construcción que aún se emplean en la actualidad.

Muchas de estas ciudades esconden misterios pendientes de resolver. ¿Cómo es posible que pudieran mover unas piedras tan gigantescas para construir los templos y pirámides de Egipto? ¿Con qué fin se alzaron las figuras de piedra de la Isla de Pascua? ¿Existen aún ciudades perdidas esperando a ser encontradas? Y dentro de algunos milenios... ¿qué pensarán de nuestras ciudades y monumentos las personas que vivan entonces?

TEMPLO DE KARNAK

Si hubieras vivido aquí hace algunos milenios, puede que tu familia estuviera entre la multitud que acudía a esta ciudad egipcia a venerar al dios del sol Amón-Ra en el complejo de templos de Karnak, construido por los faraones en honor al rey de los dioses. Habrías recorrido avenidas bordeadas por centenares de esculturas de piedra representando a Amón-Ra como esfinge (una criatura con cuerpo de león y cabeza de carnero) hasta llegar al templo principal, con sus imponentes columnas grabadas con jeroglíficos, símbolos que cuentan historias de los dioses y faraones representados en las pinturas murales. Allí quizá pedirías a Amón-Ra que te concediera buena salud, felicidad y prosperidad para ti y tu familia, tanto en el presente como en el más allá, pues los egipcios creían en la vida después de la muerte.

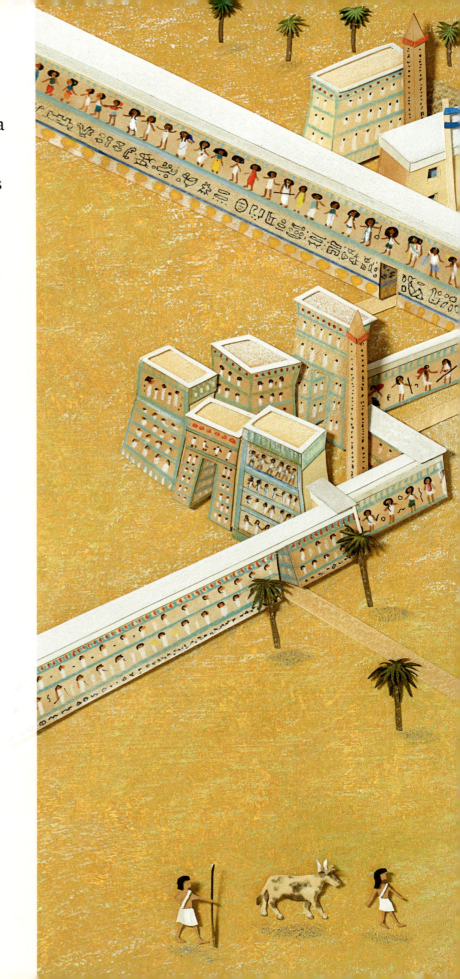

LUGAR: Karnak, zona de Tebas,* ciudad de Luxor, Alto Egipto.

¿QUIÉN VIVÍA ALLÍ? Establecida allí desde el 5000 AC, hacia el 3100 AC la civilización egipcia logró unificar una vasta región a orillas del río Nilo, que prosperó durante más de 3.000 años, más que ninguna otra civilización de la antigüedad. Durante siglos, Karnak fue el mayor centro religioso del mundo, y miles de sus habitantes eran sirvientes o esclavos de sus poderosos monarcas: los faraones. Los egipcios desarrollaron una escritura simbólica, los jeroglíficos, que escribían sobre papel confeccionado con hojas de papiro. Inventaron el instrumental quirúrgico y diversas formas de arquitectura monumental, como las famosas pirámides.

¿CÓMO SE PERDIÓ? Hacia el 670 AC la invadieron los asirios: destruyeron numerosos monumentos y desterraron a sus habitantes, que huyeron a otras ciudades egipcias. Cuando el emperador romano Constantino adoptó el cristianismo y visitó la desolada Karnak, ordenó clausurar todos los templos paganos (no cristianos) que quedaban.

¿QUIÉN LA ENCONTRÓ? Situada a más de 800 km de la desembocadura del Nilo, Karnak cayó en el olvido mucho tiempo, hasta que en 1859 un viajero veneciano escribió sobre sus templos.

¿QUÉ MISTERIO ESCONDE? Se creía que el dios Amón-Ra, conocido como «el oculto», moría a la caída del sol para resucitar cada día con el sol naciente. Su cara suele aparecer pintada de azul. ¿Quizás lo hacían para volverlo invisible incluso de día?

*A menos que se indique lo contrario, los nombres de otras lenguas son transcripciones al español.

BABILONIA

Si hubieras entrado en esta mítica ciudad durante el reinado del rey Hammurabi, habrías franqueado una puerta alta y fortificada dedicada a la diosa Ishtar. Luego subirías hasta la cima de un zigurat, un templo en forma de torre escalonada, para contemplar a vista de pájaro la ciudad y una de las siete maravillas del mundo: los jardines colgantes de Babilonia.

LUGAR: Babilonia, antaño la ciudad más grande del mundo, capital de Mesopotamia, en el actual Irak.

¿QUIÉN VIVÍA ALLÍ? Fundada hacia el 2350 AC como un pequeño pueblo a orillas del río Éufrates, Babilonia creció y prosperó durante más de 2.000 años. La caligrafía, su registro de la historia en tablillas de arcilla, la irrigación, la rueda y otros grandes avances arquitectónicos, como el zigurat, fueron algunos de los logros e innovaciones de los babilonios. Pero probablemente el más famoso sea el Código de Hammurabi, un conjunto de leyes de gobierno para mantener el orden entre los ciudadanos de un país.

¿CÓMO SE PERDIÓ? Después de la conquista de Alejandro Magno en 331 AC, Babilonia entró en una lenta decadencia, sus edificios se desmoronaron y acabaron enterrados bajo las arenas del desierto.

¿QUIÉN LA ENCONTRÓ? Pese a desaparecer, Babilonia siguió viva en mitos y leyendas. En 1899, dos mil años después de que la ciudad fuera abandonada, un arqueólogo localizó la ubicación del zigurat y las ruinas de la puerta de Ishtar: Babilonia había sido hallada.

¿QUÉ MISTERIO ESCONDE? El agua escaseaba en Babilonia. ¿Cómo podían regar los jardines colgantes? Los únicos restos de un acueducto (estructura en forma de puente para llevar agua) se hallaron en la cercana Nínive, no en Babilonia, así que el abastecimiento de agua de los jardines sigue siendo un misterio.

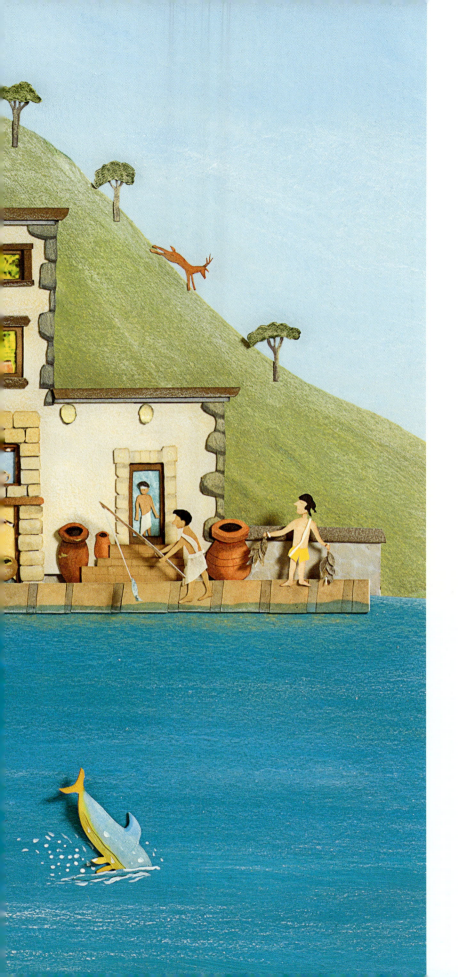

AKROTIRI, EN LA ISLA DE THERA

Si hubieras vivido en Akrotiri, podrías haber navegado en barco hasta las islas cercanas para comprar y vender cerámica, herramientas de metal, telas, e incluso un mono azul de mascota. Tu casa de tres pisos en la ladera de la cima volcánica estaría decorada con muebles y cerámica confeccionados por familiares y amigos, y las habitaciones, con frescos (pinturas murales) de artistas locales.

LUGAR: Isla de Thera (conocida como Santorini) en el mar Egeo, Grecia.

¿QUIÉN VIVÍA ALLÍ? Con los minoicos, antecesores de los antiguos griegos, Thera fue una importante parada comercial entre las islas de Creta y Chipre. Los minoicos eran artistas de gran talento, poseían un lenguaje escrito, y sus reyes, a diferencia de babilonios y egipcios, compartían su riqueza con los ciudadanos de Akrotiri. También fueron de los primeros en tener agua corriente en sus casas, tanto fría como caliente.

¿CÓMO SE PERDIÓ? Donde antaño había una gran montaña hoy hay un profundo puerto donde fondean los barcos. ¿Qué sucedió? Tras 500 años de prosperidad, la civilización minoica de Thera desapareció bruscamente en el 1627 AC, cuando la montaña explosionó en una de las erupciones volcánicas más grandes que se conocen. El centro de la isla se convirtió en un cráter lleno de agua, y el pueblo de Akrotiri quedó enterrado en cenizas.

¿QUIÉN LA ENCONTRÓ? En 1967, después de un siglo de continuas excavaciones arqueológicas, Akrotiri y sus casas con pinturas murales fueron por fin descubiertas. Al no encontrar muchos efectos personales, se cree que sus habitantes tuvieron algún aviso de la erupción y afortunadamente lograron escapar.

HERCULANO

Si hubieras sido un o una joven de la ciudad romana de Herculano, habrías podido recorrer las montañas, ir de pesca o nadar en el Mediterráneo. Habrías visto llegar a puerto barcos de vivos colores procedentes de lugares lejanos, cargados de mercancías exóticas como alfombras, ánforas (jarras de cerámica alargadas) con aceite de oliva, y animales procedentes de África, como leones y avestruces. Luego asistirías a un espectáculo en el anfiteatro, un teatro semicircular al aire libre con una gradería frente al escenario.

LUGAR: Campania, región de Italia, al sur de la actual Nápoles.

¿QUIÉN VIVÍA ALLÍ? Habitada desde el 6 AC por las tribus samnitas, la ciudad de Herculano fue ocupada por los griegos, que le dieron el nombre de su héroe mítico: Hércules. Conquistada por los romanos en el 189 AC, se integró así en una cultura y un imperio de los más avanzados del mundo antiguo. Los ingenieros y arquitectos romanos inventaron la cúpula y construyeron una extensa red de carreteras pavimentadas: dos muestras de los innumerables avances que cambiaron nuestra forma de construir y de vivir.

¿CÓMO SE PERDIÓ? En el verano del 79 DC, la tierra tembló y se estremeció al tiempo que el monte Vesubio, que dominaba la ciudad de Herculano, expulsaba siniestras nubes de humo que oscurecieron el cielo de aquel luminoso día. De repente, el Vesubio entró en erupción, y en cuestión de minutos expulsó una avalancha imparable de cenizas, piedra pómez y gases sobre Herculano, la ciudad cercana de Pompeya y todos sus habitantes.

¿QUIÉN LA ENCONTRÓ? Durante casi 1.700 años fue una ciudad perdida, enterrada bajo unos 30 metros de la ceniza volcánica que acabó con la vida de la ciudad. Sin embargo, mantuvo intactas casas y villas, muebles y esculturas romanas de bronce, e incluso los esqueletos de los que no pudieron escapar. En 1750, unos trabajadores que excavaban un pozo sobre Herculano dieron con el suelo de mármol de un anfiteatro romano, despertando a la ciudad de su largo letargo.

¿QUÉ MISTERIO ESCONDE? Cientos de rollos de papiro perfectamente conservados fueron encontrados en la biblioteca de una gran villa prácticamente intacta (derecha). En la actualidad se están escaneando con una moderna técnica de rayos infrarrojos. ¿Revelarán estos papiros algún antiguo y valioso secreto de la vida en Herculano y la historia del Imperio romano?

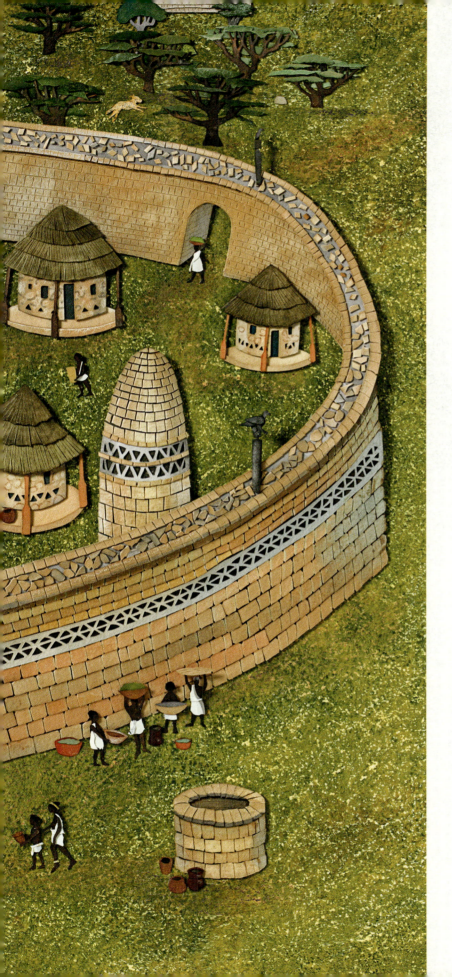

GRAN ZIMBABUE

¿Qué tal sería vivir en una ciudad de piedra y rodeada de murallas altas como árboles, coronadas por estatuas de esteatita en forma de pájaros con rasgos humanos? Una vez intramuros, encontrarías casas de reyes y de gente corriente, y una misteriosa torre de unos nueve metros de piedra maciza. Si escalases sus murallas, verías rinocerontes y manadas de jirafas, un león merodeando o un guepardo corriendo veloz por la inmensa sabana. Dentro de las murallas tu familia y amigos albergaríais a comerciantes de tierras lejanas, e intercambiaríais objetos de hierro o de oro confeccionados en Gran Zimbabue por mercancías extranjeras, como cerámica y perlas de cristal, tejidos y ropas exóticas, y también alimentos y especias desconocidos.

LUGAR: Gran Zimbabue, que significa «gran casa de piedra», se hallaba sobre una meseta al sur de África Central, en la provincia de Masvingo, Zimbabue.

¿QUIÉN VIVÍA ALLÍ? Los shona de Zimbabue eran mineros, granjeros, ganaderos y pastores de cabras, y hablaban bantú. Para escapar de la mosca tsé-tsé, portadora de enfermedades y que abundaba en áreas pantanosas y poco elevadas, en el siglo IV fundaron Gran Zimbabue. En el siglo XI, los shona iniciaron la construcción de un pueblo de piedra, que creció hasta convertirse en una ciudad de unos 15.000 habitantes.

¿CÓMO SE PERDIÓ? El cultivo incesante de las tierras durante años volvió el suelo menos fértil, la falta de agua debida a cambios climáticos, y el agotamiento de las cercanas minas de oro acabaron con un largo período de prosperidad.

Tras más de mil años de existencia, Gran Zimbabue fue abandonada hacia 1450.

¿QUIÉN LA ENCONTRÓ? Unos arqueólogos alemanes descubrieron los edificios de piedra que seguían en pie, y por su aspecto monumental atribuyeron su construcción a árabes o europeos. Tras décadas de investigación se demostró que la habían construido los shona, encajando con pericia bloques de granito sin emplear argamasa gracias al uso de innovadoras herramientas de hierro.

¿QUÉ MISTERIO ESCONDE? ¿Qué representan las ocho estatuas de pájaros con labios y pies humanos? ¿Eran monumentos a los reyes de Gran Zimbabue, o representaban las águilas que volaban sobre sus cabezas? Hoy en día son el símbolo de Zimbabue, y uno de estos pájaros adorna la bandera del país.

ANGKOR THOM

Si hubieras vivido en esta ciudad, con su pasmosa colección de templos, casas y monumentos, habrías visto extrañas criaturas: macacos salvajes, serpientes voladoras sin alas, y también personas a lomos de elefantes o vestidas con pareos de sedas de colores para visitar los templos. Las incontables esculturas de piedra de dioses y animales parecerían cobrar vida en los muros de los templos, convirtiendo tu ciudad sagrada en un mundo mágico, apasionante y terrible a la vez.

LUGAR: En la costa noroeste del lago Tonlé, cerca del delta del río Mekong, Camboya.

¿QUIÉN VIVÍA ALLÍ? El pueblo jemer habitó esta región de Asia durante prácticamente 4.000 años y alzaron su estructura de templos hinduistas a principios del siglo XII. Se precisaron 3.000 personas y más de 6.000 elefantes para construir el conjunto monumental religioso de Angkor Wat, que se convirtió en el más grande del mundo, mayor incluso que el templo de Karnak en Egipto. Dedicado al dios hinduista Vishnu, el cual se cree que reside en el Himalaya, los imponentes templos simbolizaban estas montañas.

¿CÓMO SE PERDIÓ? A finales del siglo XIII, la ciudad hinduista de Angkor Thom se convirtió al budismo, y tras la invasión thai de 1431, los jemeres fueron forzados a abandonar su ciudad, que permaneció en el olvido y el abandono más absoluto durante los siguientes 400 años.

¿QUIÉN LA ENCONTRÓ? Cuando hacia 1860 un arqueólogo francés la visitó y la dio a conocer, Angkor Thom era prácticamente impenetrable: la selva la cubría por completo.

¿QUÉ MISTERIO ESCONDE? Mediante el escaneo aéreo con drones modernos se ha comprobado que entre las ruinas de Angkor Thom, siguen ocultos más templos bajo la selva. ¿Algún día se podrá excavar la ciudad entera y descubrir todos sus secretos?

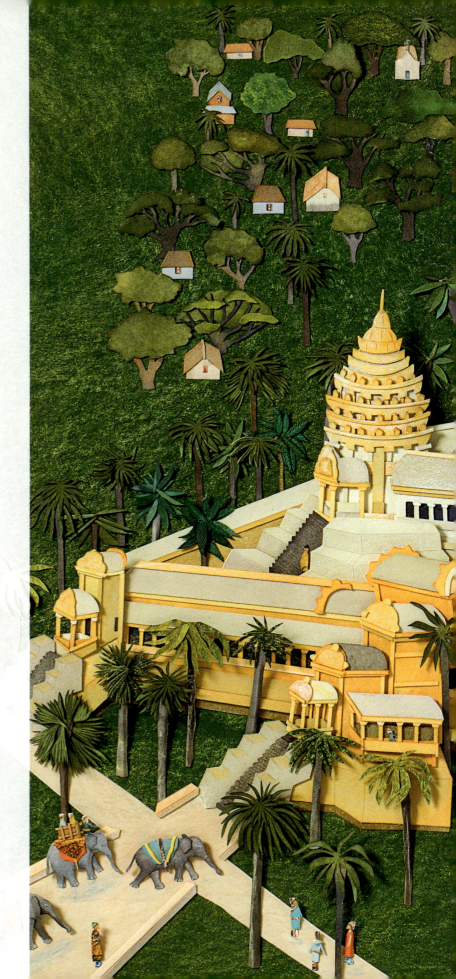

MESA VERDE

Si este fuera tu pueblo, formado por más de 600 viviendas acantilado construidas bajo gigantescos afloramientos de rocas, tendrías que subir por una larga escalera de madera para llegar a tu casa, hecha de bloques de piedra arenisca y vigas de madera. Desde la torre de vuestra casa, tú y tu familia contemplaríais las estrellas y los cambios de posición de la luna para averiguar cuál es el mejor momento para sembrar vuestros campos.

LUGAR: Mesa Verde se encuentra en Colorado, EEUU.

¿QUIÉN VIVIÓ ALLÍ? Las tribus nómadas o errantes paleoindias poblaron por primera vez Mesa Verde hacia el 7500 AC. Los anasazi, una de las tribus pueblo, llegaron hacia el 600 DC para establecerse de forma sedentaria, y empezaron a construir las primeras viviendas de la cultura pueblo cerca de los abruptos acantilados que les protegían de las inclemencias del tiempo y las invasiones. Los pueblo llegaron a excavar sus viviendas en lo más profundo de las hendiduras de los acantilados para lograr aún más protección. Famosos por sus habilidades constructivas, los pueblo también confeccionaban cestos y cerámica que aún se pueden ver en los museos.

¿CÓMO SE PERDIÓ? Apenas llevaban un siglo viviendo allí cuando las casas acantilado de Mesa Verde fueron abandonadas. Nadie sabe el porqué, pero un factor clave pudo ser la dificultad para conseguir buenas cosechas en un clima tan árido, con inviernos implacables y veranos abrasadores.

La población creciente necesitaba una mayor provisión de alimentos, y los estudiosos creen que los pueblo se trasladaron a otras regiones de clima más suave y fuentes de agua más fiables. En la actualidad puedes visitar el yacimiento de Mesa Verde, incluso el Palacio del Acantilado, con 200 habitáculos y 23 kivas (salas de reunión).

¿QUIÉN LA ENCONTRÓ? Cuatro siglos después de ser abandonadas, las casas acantilado de los pueblo fueron redescubiertas por exploradores americanos del Oeste. Mesa Verde se convirtió en yacimiento arqueológico protegido y Parque Nacional.

¿QUÉ MISTERIO ESCONDE? Los pueblo abandonaron sus espectaculares casas acantilado tan solo un siglo después de construirlas. ¿Por qué dejaron atrás muchas de sus pertenencias, como si pensaran regresar?

RAPA NUI o ISLA DE PASCUA

Si hubieras vivido en esta remota isla tropical a más de 1.600 km del continente, tus padres habrían estado entre los talladores que ayudaron a esculpir las casi 100 figuras gigantescas que dominan el paisaje. Mirando hacia el centro de la isla, de espaldas al océano, estas estatuas de piedra con ojos incrustados de brillante coral, los moai (del rapanui Moai Aringa Ora, «rostros vivientes de los antepasados»), parecen vigilar las aldeas, salvo 8 de ellos, que dirigen su atenta mirada hacia el mar embravecido.

LUGAR: Perteneciente a Chile, Rapa Nui, también llamada Isla de Pascua, es un puntito remoto del océano Pacífico a 3.200 kilómetros de Chile y a más de 1.600 kilómetros de la isla habitada más cercana.

¿QUIÉN VIVÍA ALLÍ? Sus habitantes descienden de los rapanui, un pueblo originario de Polinesia que descubrió la Isla de Pascua entre el 700 y el 1100, donde llegaron en canoas de doble casco hechas a mano, remando de una isla distante a otra por el inmenso océano Pacífico.

¿CÓMO SE PERDIÓ? Tras llegar a los 15.000 habitantes en el 1600, la población se redujo drásticamente debido al aislamiento, la erosión del suelo y la pérdida de árboles con los que obtener madera para la construcción de casas y barcos. Asimismo, los saqueos, la explotación de los exploradores extranjeros y la introducción de enfermedades redujeron la población de tal modo que la razón de la construcción de los moai cayó en el olvido.

¿QUIÉN LA ENCONTRÓ? La Isla de Pascua no posee puerto natural y hay mucho oleaje, por lo que la llegada en barco era muy traicionera y las visitas escasas. El primer avistamiento europeo del que se tiene constancia tuvo lugar el domingo de Pascua de 1722: un explorador holandés que rebautizó Rapa Nui como Isla de Pascua tras una breve estancia.

¿QUÉ MISTERIO ESCONDE? ¿Por qué se construyeron los moai? ¿A quién representan? Teniendo en cuenta su tamaño y su peso, entre 15 y 300 toneladas –pesan más que un tren–, ¿cómo los movieron desde la cantera y los transportaron durante kilómetros por toda la isla?

TENOCHTITLÁN

¿Cómo sería vivir en una ciudad inmensa que parece flotar sobre un lago? Sus calles sobre diques y puentes conducían a canales donde podías remar con tu canoa para contemplar palacios y pirámides coronadas con templos erigidos en honor a los dioses aztecas. Encima de la pirámide más grande había dos templos, construidos uno junto al otro: uno dedicado a Huitzilopochtli, el dios del sol y la guerra, y el otro para Tláloc, el dios de la lluvia.

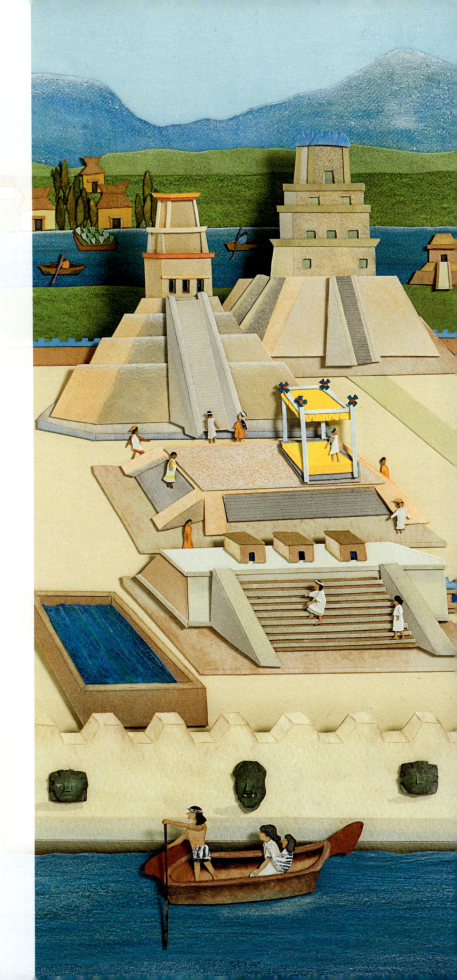

LUGAR: Tenochtitlán, que significa «lugar de nopales sobre piedra», se construyó sobre la laguna Texcoco, actualmente el centro de Ciudad de México.

¿QUIÉN VIVÍA ALLÍ? En busca de un lugar para su ciudad, en 1325 un pueblo azteca, los mexicas, eligió esta zona al ver un águila sobre un nopal (chumbera) devorando una serpiente: un augurio de que ese sería su nuevo hogar. Además de ser feroces guerreros, los mexicas también cultivaban huertos flotantes, pescaban en canoas con redes y arpones, escribían su historia en códices y, gracias a sus conocimientos de astronomía, desarrollaron un calendario de 365 días. Erigieron grandes pirámides escalonadas que albergaban templos, aunque las ceremonias religiosas que allí se celebraban solían ser crueles, con sacrificios de personas y animales incluidos.

¿CÓMO SE PERDIÓ? Hacia 1500, Tenochtitlán, la capital del Imperio azteca, era la ciudad más grande de la América precolombina, con más de 200.000 habitantes. Pero cuando los españoles conquistaron el territorio azteca en 1519, Hernán Cortés destruyó gran parte de la ciudad y mandó construir una enorme catedral cristiana sobre las ruinas aztecas como el centro de su propio imperio en el Nuevo Mundo.

¿QUIÉN LA ENCONTRÓ? Las ruinas del templo principal fueron redescubiertas en la plaza del Zócalo, en el centro de Ciudad de México, a principios del siglo XX. Se han realizado importantes excavaciones, y hace pocos años, en 2017, se descubrió un templo azteca circular muy poco común y un patio de juego de pelota.

¿QUÉ MISTERIO ESCONDE? La sofisticada arquitectura de Tenochtitlán era desconocida para el resto del mundo hasta la llegada de los españoles. Sin embargo, tenía muchas similitudes con la construcción egipcia: sus pirámides rivalizaban con las de Egipto, y sus murallas, sus concurridas plazas y mercados y sus palacios eran tan suntuosos como los de otras ciudades a orillas del Mediterráneo. Hasta la fecha sigue siendo un misterio cómo dos civilizaciones totalmente desconocidas entre sí desarrollaron una arquitectura monumental similar.

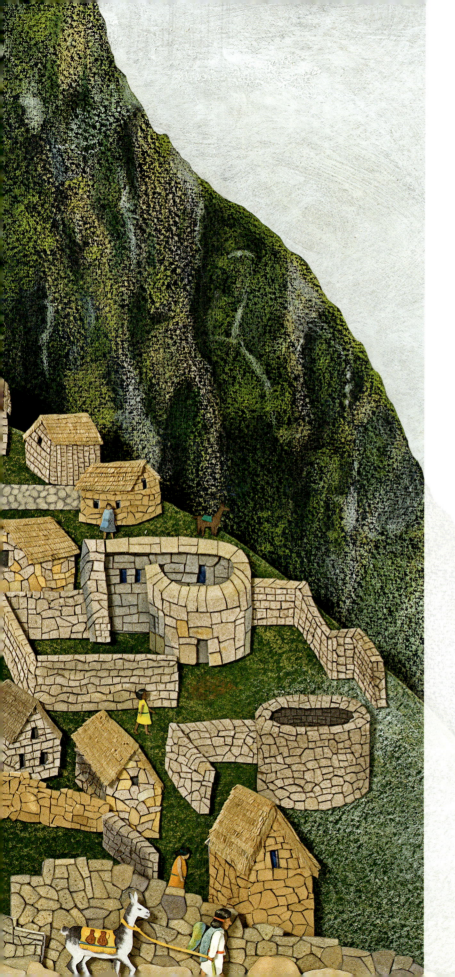

MACHU PICCHU

¿Cómo sería vivir casi tocando las nubes, en una ciudad encaramada sobre terrazas en la cima de una montaña? Podrías montar sobre la llama de tu familia y subir sus escaleras de granito, contemplar fuentes rebosantes de agua y verla correr por acueductos de piedra. Y para cenar, un equipo de corredores os traería pescado fresco del océano Pacífico, a cientos de kilómetros de distancia.

LUGAR: La ubicación de Machu Picchu, a más de 2.400 metros de altura, se encuentra entre dos picos de la cordillera de los Andes, en Perú.

¿QUIÉN VIVÍA ALLÍ? Los incas, un pequeño pueblo que habitaba en Perú, cerca de Cuzco, en pocos siglos creció hasta formar un gran imperio que abarcaba miles de kilómetros a lo largo de la costa del Pacífico de América del Sur, conectado a la capital, Cuzco, mediante carreteras empedradas. ¡Y eso que los incas no tenían vehículos de ruedas! En 1438 el emperador ordenó la construcción de una residencia real en la cima del Machu Picchu, para estar más cerca del dios del sol. Gobernando desde este remoto retiro en el cielo, vivían en la vivienda más grande, mientras que sirvientes, cocineros, jardineros y artesanos vivían en las casas más pequeñas de alrededor.

¿CÓMO SE PERDIÓ? Las armas de piedra incas no pudieron competir con la pólvora, las armaduras y los caballos de los españoles, y a partir de la captura de su emperador, el Imperio inca cayó rápidamente, tanto, que los españoles nunca descubrieron el distante Machu Picchu, que fue finalmente abandonado.

¿QUIÉN LO ENCONTRÓ? En 1911 el explorador americano Hiram Bingham subió al Machu Picchu por un sendero escarpado de la selva siguiendo los rumores sobre una «ciudad perdida». Cerca de la cima compartió el almuerzo con una familia que cultivaba antiguas terrazas de piedra, y el granjero le pidió a su hijo de ocho años, Pablito, que guiara a Bingham hasta la cumbre. Tras ascender una terraza tras otra como si fueran peldaños de una gigantesca escalera, Bingham se quedó maravillado al contemplar ante sí unos edificios construidos con bloques de piedra irregulares que encajaban como las piezas de un enorme rompecabezas.

¿QUÉ MISTERIO ESCONDE? Las enormes piedras de construcción de los incas estaban perfectamente enclavadas sin argamasa: incluso en caso de temblores de tierra, las piedras solo se empujaban unas a otras y volvían a caer exactamente en el mismo sitio. ¿Cómo consiguieron los incas tanta precisión sin herramientas de metal?

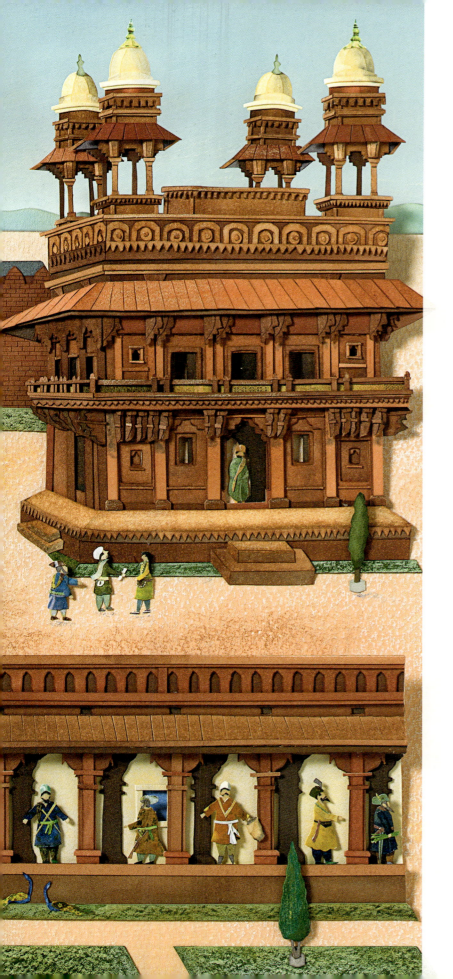

FATEHPUR SIKRI

Si hubieras visitado esta maravillosa ciudad, capital de un gran imperio, habrías comprado en sus pintorescos mercados (llamados bazares), visitado la Gran Mezquita, o quizás disfrutado de una refrescante brisa en la Torre del viento antes de detenerte a descansar en la Casa de los sueños. Unas magníficas puertas protegían la ciudad y permitían la entrada: la Puerta de los elefantes, con capiteles en forma de elefante, y la puerta de la Casa del tambor, donde los músicos imperiales tocaban los tambores para dar la bienvenida a los visitantes honorables.

LUGAR: Fatehpur Sikri se encuentra en un estado del norte de la India central llamado Uttar Pradesh.

¿QUIÉN VIVÍA ALLÍ? Entre 1569 y 1571, el rey mogol Akbar construyó la ciudad en honor a un santo sufí que profetizó que el monarca tendría un hijo. Akbar la llamó Fatehpur Sikri o «ciudad de la victoria». A pesar de ser la capital del Imperio mogol, solo estuvo habitada durante dos décadas.

¿CÓMO SE PERDIÓ? El lago alimentado por un manantial que abastecía de agua la ciudad de Fatehpur se secó a medida que la población crecía y, debido a ello, la capital se trasladó en 1585 a Lahore, en el actual Pakistán.

¿QUIÉN LA ENCONTRÓ? En 1899, Lord Curzon, virrey de la India durante la ocupación británica, conocido por su papel en la restauración del magnífico Taj Mahal, situado no muy lejos de allí, visitó los edificios abandonados de piedra arenisca roja de Fatehpur y ordenó su conservación.

¿QUÉ MISTERIO ESCONDE? En Fathepur casi siempre pasaba algo divertido o inusual. Una de las plazas de la ciudad estaba adornada con un misterioso tablero de tamaño natural para el juego favorito del rey, el pachisi. ¿Quizás a los miembros de la casa real y los ciudadanos de Fatehpur les hacían vestirse de colores para convertirse en piezas del juego y moverse e irse retirando hasta que solo quedara una persona?

JAMESTOWN

De haber vivido en esta ciudad fortificada y rodeada por una empalizada, habrías abandonado tu hogar para navegar con tu padre durante 5 meses, cruzando el océano en busca de una vida mejor en una tierra desconocida. Mientras ayudabas a construir tu nuevo hogar, habrías descubierto que en esas tierras ya había otras personas, con un idioma y unas vidas totalmente distintas a la tuya.

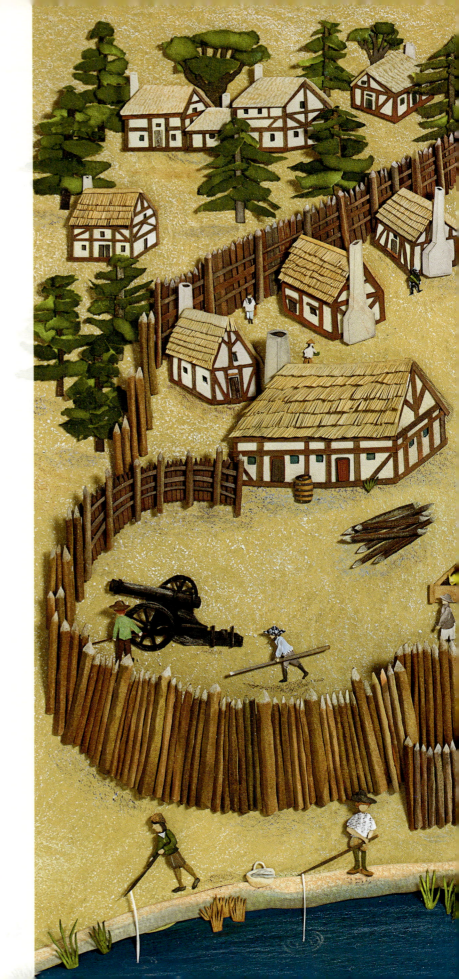

LUGAR: La colonia de Jamestown se estableció el 4 de mayo de 1667 en la península del río James, cerca de la Confederación Powhatan, en el actual estado de Virginia.

¿QUIÉN VIVÍA ALLÍ? Pese al fracaso de las anteriores colonias, más de un centenar de hombres y muchachos financiados por el rey Jacobo I (James I) salieron de Inglaterra en 1606 hacia el Nuevo Mundo, decididos a convertirlo en su hogar permanente. Jamestown también estuvo a punto de fracasar, pero sus condiciones mejoraron bajo el mando del capitán John Smith y con la ayuda de Powhatan, jefe del pueblo nativo de aquellas tierras y padre de Pocahontas, quien más tarde se casó con uno de los colonos. Con la construcción de casas, una iglesia y un fuerte, Jamestown se convirtió en el primer asentamiento inglés del Nuevo Mundo y en la primera de las 13 colonias originales que darían lugar a los primeros 13 estados de los Estados Unidos en 1776.

¿CÓMO SE PERDIÓ? La ubicación elegida resultó ser pantanosa, inadecuada para el cultivo e incapaz de abastecer una población creciente. Al trasladarse la capital a Williamsburg, Jamestown se convirtió de nuevo en campo baldío y fue olvidada, aunque se sospechaba que había sido arrastrada por el río James.

¿QUIÉN LA ENCONTRÓ? Tras un estudio exhaustivo del lugar, en 1994 el arqueólogo William Kelso dedujo que el fuerte aún existía pero se hallaba enterrado bajo el margen del río, e inició las excavaciones. Con las primeras paladas de tierra ya desenterraron diversos artefactos: perlas de cristal para comerciar, anillos, monedas, dedales y tijeras, y numerosos cimientos de casas. Desde entonces incluso se han hallado esqueletos de los colonos. Algunos de estos colonos han sido identificados y, gracias a la imagen digital, se han generado imágenes de su apariencia física.

¿QUÉ MISTERIO ESCONDE? Las relaciones entre colonos y nativos americanos no siempre eran amistosas, pero hay constancia de que algunos jóvenes de Jamestown fueron a vivir con los powhatan por diversas razones, y además de aprender su lengua y sus técnicas de supervivencia, desarrollaron una gran habilidad como mediadores entre ambos grupos.

CAUGHNAWAGA

Si hubieras vivido en este pueblo de casas construidas con troncos y corteza de árbol, hubieras compartido una gran habitación con hasta una docena de familias. Tu familia habría sido habilidosa en la técnica de doblar retoños de abedul para formar la estructura de tu hogar comunal para luego recubrirlo con tiras de corteza de olmo. Una valla del mismo material, llamada empalizada, rodeaba las casas comunales para proteger las familias de tribus invasoras y animales salvajes. Las casas comunales podían ampliarse fácilmente para acomodar a las familias que crecían, y algunas medían más de 100 metros: más que un campo de fútbol.

LUGAR: Caughnawaga se encuentra a orillas del río Mohawk, en lo que hoy es el norte del estado de Nueva York.

¿QUIÉN VIVÍA ALLÍ? Los iroqueses: se autodenominaban haudenosaunee, que significa «la gente de la casa grande» y vivían en los bosques del noreste, entre la costa del Atlántico y el río Mississippi. Un pueblo iroqués, los mohawk, construyeron este pueblo de doce casas comunales hacia 1670, en una región montañosa y salvaje cercana a los rápidos de aguas bravas del río Mohawk. Eran cazadores, pero también cultivaban maíz, judías y calabazas, y empleaban el río como ruta comercial con otras tribus y con colonos ingleses. Cada casa comunal la gobernaba la mujer más mayor de todas las familias.

¿CÓMO SE PERDIÓ? Cuando la invasión colonial de franceses e ingleses se abrió paso por el oeste, los mohawk se unieron a cuatro tribus más para formar la liga iroquesa, alianza que fue finalmente derrotada, forzando a los mohawks a abandonar sus pueblos del este y construir nuevos asentamientos en Wisconsin, Oklahoma y Canadá.

¿QUIÉN LA ENCONTRÓ? En 1950 se hallaron indicios de los muros de la empalizada y los contornos de las casas comunales. Actualmente Caughnawaga ha sido excavada y reconstruida y posee el mayor grupo de casas comunales de América del Norte.

¿QUÉ MISTERIO ESCONDE? Las puertas de cada casa comunal eran de piel de animal o de láminas de corteza abatibles, y encima de la puerta principal había grabado el símbolo de un animal: tortuga, castor, oso, conejo, pájaro... ¿Quizá representaban los nombres de cada casa?

LÍNEA DE TIEMPO

KARNAK aprox. 3100 AC
Primeros monumentos

BABILONIA aprox. 2350 AC
Construcción de un pequeño pueblo a orillas del río Éufrates

AKROTIRI aprox. 2200 AC
Asentamiento

HERCULANO aprox. 600 AC
Fundación de la ciudad

GRAN ZIMBABUE aprox. 1000
Inicio de la construcción de la ciudad de piedra

ANGKOR THOM aprox. 1100
Construcción iniciada por los jemeres

1. JAMESTOWN
2. CAUGHNAWAGA
3. MESA VERDE
4. TENOCHTITLÁN
5. ISLA DE PASCUA
6. MACHU PICCHU

MESA VERDE aprox. finales de 1100
Construcción de las primeras casas acantilado

TENOCHTITLÁN 1325
Elección del lugar

FATEHPUR SIKRI 1569–1571
Construcción

CAUGHNAWAGA aprox. 1670
Asentamiento del pueblo mohawk

ISLA DE PASCUA aprox. 700–1100
Asentamiento

MACHU PICCHU 1438
Inicio de la construcción

JAMESTOWN 1607
Asentamiento

7	GRAN ZIMBABUE
8	KARNAK
9	BABILONIA
10	HERCULANO
11	AKROTIRI
12	FATEHPUR SIKRI
13	ANGKOR THOM

NOTAS SOBRE EL PROCESO CREATIVO

Cada ilustración de este libro implica numerosas etapas de recortar, pintar y pegar hasta siete u ocho capas de papel para cada imagen. El espacio entre cada capa crea sombras que aportan a la ilustración una cualidad dimensional visible. Para su publicación, se fotografían profesionalmente con efectos de iluminación especiales para potenciar aún más este espectacular efecto.

1: Se crean las capas de fondo

2: Se pinta el paisaje

3: Se cortan y colorean los elementos

4: Se colocan con cuidado

5: Hora de pegar...

6: ¡Y los retoques finales!

FUENTES SELECCIONADAS

Adams, Simon. *Kingfisher Atlas of World History*. Nueva York: Kingfisher, 2010.

Adams, Mark. *Dirección Machu Picchu: redescubriendo la ciudad perdida de los incas*. Valencia: Editorial Xplora, 2013.

Ambler, Richard. *The Anasazi*. Flagstaff, AZ: Museum of Northern Arizona, 1977.

Coe, Michael, Dean Snow y Elizabeth Benson. *La América antigua, civilizaciones precolombinas*. Barcelona: Ediciones Folio, 2006.

Crump, Donald J. (ed.). *Splendors of the Past: Lost Cities of the Ancient World*. Washington, DC: National Geographic Press, 1981.

Deiss, Joseph Jay. *Herculaneum: Italy's Buried Treasure*. Malibu, CA, J. Paul Getty Museum Press, 1989.

Garlake, Peter. *Orígenes del hombre. Los reinos de África*. Barcelona: Ediciones Folio, 1995.

Harpur, James y Westwood, Jennifer. *Atlas de lugares legendarios*. Barcelona: Editorial Debate, 1991.

Kelso, William, M. Jamestown. *The Buried Truth*. Charlottesville, VA: University of Virginia Press, 2006.

Lange, Kurt, and Max Hirmer. *Egypt: Architecture, Sculpture, Painting, in Three Thousand Years*. Londres: Phaidon, 1956.

Lloyd, Seton, Hans Wolfgang Müller y Roland Martin. *Arquitectura de los orígenes*. Barcelona: Aguilar, 1989.

Roveda, Vittorio. *Sacred Angkor: The Carved Reliefs of Angkor Wat*. Bangkok: River Books, 2003.

Scarre, Dr. Chris (ed.). *Past Worlds. Atlas of Archaeology*. Ann Arbor, MI: Borders Books, en colaboración con HarperCollins, 2003.